CATALOGUE

D'UNE BELLE COLLECTION

Composée de 121

TABLEAUX

ANCIENS ET MODERNES,

Et d'une nombreuse et riche partie de

CURIOSITÉS,

MEUBLES ANCIENS ET OBJETS D'ARTS,

Porcelaines, Bronzes, Dorures, Pendules, Marqueteries, Nécessaires, Boîtes, Tabatières, Orfévreries anciennes, Marbres antiques, Terres cuites, Ivoires, Bois sculptés, Emaux, fayences de Palissi, Faenza,

Dont la vente aura lieu, par suite de décès, les vendredi 14 et samedi 15 novembre, matin et soir, place de la Bourse, hôtel des ventes, salle n. 1, au premier.

Par le ministère de Me WATEAU, commissaire-priseur, rue Bourbon-Villeneuve, n° 9.

Assisté de M. HUE, artiste sculpteur en ivoire, quai Malaquais, n° 3.

Il y aura exposition publique

Les mercredi 12 et jeudi 13 novembre, de midi à quatre heures, et le soir, de six heures jusqu'à dix.

LE PRÉSENT CATALOGUE SE DISTRIBUE GRATUITEMENT

Aux adresses ci-dessus.

A PARIS.

1834.

ORDRE DE LA VENTE

ET DES

EXPOSITIONS.

Exposition.
- Le Mercredi 12, de midi à 4 heures.
  Le soir, continuation de 6 à 10 hres.
- Le Jeudi 13, de 10 à 4 heures.
  Le soir, continuation de 6 à 10 h.

Vente.
- Le Vendredi 14, 1re vacation, de midi à 4 heures — *Curiosités.*
  Même jour. 2me vacation, à 6 heures du soir. — *Tableaux.*
- Le samedi 15, 3me vacation, de midi à 4 heures — *Curiosités.*
  Même jour. 4me et dernière vacation, à 6 heures du soir — *Tableaux et les restes des curiosités s'il y en a.*

Les lettres suivantes T. B. C. mises à chaque article, désignent si le tableau est sur Toile, Bois ou Cuivre.

AVERTISSEMENT.

La collection de Tableaux que nous avons l'honneur d'offrir aux amateurs n'était pas destinée à être vendue en France ni même en Europe; elle a été recueillie par deux amateurs, en voyageant dans plusieurs pays, pour être portée en Amérique; mais la mort de l'un d'eux, qui laisse femme et enfant à qui sa part revient, force de mettre le tout en vente. La spéculation ne pouvant plus avoir lieu, tout sera donc vendu sans exception, et nous pouvons assurer d'avance que pas un seul tableau ne sera retiré, étant pour être abandonné à la chaleur des enchères.

Nous avons dû laisser aux tableaux les noms portés sur le registre d'acquisition, pour qu'il n'y ait pas d'erreur possible, et nous pensons que généralement la plus grande partie est bien ce qu'on les annonce, et beaucoup même sont incontestables, et la manière dont nous les désignons doit prouver notre bonne foi. Cependant, pouvant nous être trompés, nous engageons les amateurs à bien les examiner, et rectifier nos erreurs, pensant en outre que ces mêmes tableaux ne peuvent que gagner à être bien vus.

Nous aurions trop à dire s'il fallait ici parler de tout ce qu'il y a de remarquable dans la curiosité. Nous espérons que la nomenclature que nous en faisons dans le présent catalogue fera naître le désir de voir le tout réuni aux expositions, et que cette vue sera suffisante pour faire assister à la vente.

Nous assurons que toute cette collection n'appartenant par moitié qu'à deux propriétaires, et étant très-considérable, il n'y a été, ni n'y sera admis rien d'étranger en quelque façon que ce soit, c'est donc avec pleine confiance que les amateurs peuvent enchérir.

CATALOGUE
DES TABLEAUX
ANCIENS ET MODERNES.

1 **ALBANE** (François). Actéon et Diane. (T).

Riche composition de onze figures. Diane et ses nymphes se livrant au plaisir du bain pour se délasser des travaux de la chasse; toutes sont diversement groupées et presque nues, quand l'effroi s'emparant d'elles à l'approche d'un profane mortel, elles veulent fuir ou se cacher, pour dérober à ses yeux les beautés dont la nature les a douées; mais la déesse les rassure, une seule goutte d'eau jetée sur l'imprudent va le changer en cerf, et déjà ses chiens, par leurs morsures, lui font sentir les douleurs du sort qui l'attent, On ne saurait rien voir de plus agréable que cette charmante composition, où la grâce des formes et des contours le disputent à la finesse des tons et à la beauté du coloris : tout dans ce tableau mérite de fixer les regards;

le bel effet du clair obscur, la lumière savamment distribuée, et la beauté des figures, forment un ensemble plein d'harmonie.

2 **ANDRE** (Van.... Le reste est effacé). Le Marchand de gâteaux. (B).

Un homme, à une croisée, souffle dans une trompe pour appeler les chalands; tableau de touche large et vigoureuse, et d'une bonne couleur.

3 **BRESCHEY.** (Signé F. F.) Paysage marine. (T).

Charmante composition représentant un village entouré de bois, au bord d'un fleuve, sur lequel on voit plusieurs barques, dont une près du rivage s'emplit de voyageurs prêts à partir; près d'eux passe sur la route un coche ou voiture remplie de monde. En face, à gauche, des villageois chargent une voiture de légumes pour la conduire à la ville: au fond, on aperçoit plusieurs voyageurs sur le chemin qui s'enfonce dans le bois. Ce tableau, d'un effet vif et piquant et d'un ton chaud et brillant, attirera les regards par sa jolie facture.

4 **BOUCHER.** Le Berger galant. (T).

Une jeune bergère assise et gardant ses moutons reçoit des mains de son amant une belle grappe de raisin que celui-ci lui apporte; tableau gracieux d'une belle couleur.

5 **BRAUWER** (Genre de). Les Joueurs de trictrac. (T).

Dans un intérieur flamand plusieurs personnages sont réunis autour d'une table, où ils jouent ; d'autres les regardent et plusieurs sont au fond, assis près d'une cheminée, où ils fument en causant. Tableau d'une bonne couleur.

6 **BREYDEL** (Le ch.). Choc de cavalerie (B).

Petit tableau de jolie couleur, et très-finement touché.

7 **BRUANDET** (Signé). Paysage (B).

Ce tableau, un des plus capital de ce maître, est aussi un des plus beaux par sa grâce, sa fraîcheur et sa belle conservation. Il représente un chemin à la sortie d'une forêt, d'où l'on aperçoit, devant soi, au bas de la montagne, une rivière qui serpente dans une vaste campagne qui s'étend à perte de vue. Les terrains du premier plan sont touchés et rendus avec une vigueur et une énergie que rien n'égale ; jamais on a fait de portrait d'arbre avec plus de vérité; la dégradation de la perspective aérienne se fait sentir d'une manière imperceptible, mais admirable, jusqu'au dernier point à l'horizon, et certes on peut dire que l'artiste ne s'est jamais plus approché de l'école flamande, et n'a jamais mieux mérité le surnom du Ruisdael français que dans cette belle composition, qui est un effet de matin, au soleil levant. Quelques jolies figures et animaux qui s'harmonisent bien avec le reste, forment un tout de la plus grande beauté.

8 **CARRACHE** (Augustin). Sujets Erotiques. (C).

Ces deux tableaux, qui font pendant, représentent, l'un, Mars et Vénus, et l'autre, un sujet du même genre. Bien certainement ces tableaux sont originaux; il y a du bien et de la correction dans le dessin, peut être un peu de roideur, mais cela est racheté par des parties si belles qu'elles l'emporteront aux yeux des connaisseurs. Augustin Carrache a plus gravé que peint, et ces deux compositions portent vraiment le cachet du maître, ses beautés et ses défauts. Le propriétaire les tient d'un militaire, qui les a rapportés de la Calabre, où il les a pris dans la célule de l'abbesse d'un monastère lors de la conquête de Naples par le général Championnet,

9 **CARLO DOLCI**. Un Christ. (T).

Tableau de forme ovale, réprésentant le

Christ en buste: rien de plus beau que le modèle et les contours de cette belle figure, qui porte un caractère de candeur noble et tranquille et d'une résignation toute divine, annonçant le Dieu fait homme, et offrant dans son ensemble le beau idéal de la nature humaine. Ce tableau, dont l'exécution est parfaite, nous paraît de la plus parfaite conservation.

10 **CLOUET.** (Dit Janet), portrait (B).

Représentant une jeune dame en buste, richement vêtue d'un costume noir du temps. Ce tableau, qui est d'une grande finesse, et bien conservé, offre une originalité piquante; les vêtemens et la coiffure sont ornés de lignes de pierres brillantes taillées à facettes et le col est orné d'un riche collier pareil.

11 **CRAESBECKE.** L'enfant prodigue (T).

Tableau représentant l'intérieur d'un riche appartement, orné de tableaux et meubles gothiques, l'enfant prodigue est assis à une table couverte d'un tapis vert, et entouré de plusieurs femmes avec lesquelles il paraît rire et causer. Nous laissons à ce tableau le nom sous lequel il était connu, malgré que la facture ne soit pas celle ordinaire de ce maître, et les tons de couleur plus vifs, les détails et les draperies en sont très-soignés. Cette composition, pleine de finesse et d'originalité, ne peut manquer de fixer les regards des amateurs.

12 **DE GRAILLY.** (1831.) Le lever et le coucher du soleil (T).

Deux charmantes compositions dont l'une, d'un ton chaud et fin, représente un moulin à vent près d'une forêt, et le second une vieille tour près d'un pont traversant une rivière qui s'enfonce dans le tableau: on ne saurait rien voir de plus agréable que le ton de fraicheur qui règne dans ces paysages; tous deux sont d'une couleur agréable et touchés avec une délicatesse de pinceau, une vérité de ton qui plait à l'œil; les sites gracieux, les ciels légers et fins, la vérité des feuilles et la gentillesse des figures offrent un ensemble plein de grâce et de fraîcheur.

13 **DEMARNE.** Paysage avec fabrique (T).

Vue prise sur la Meuse représentant, à gauche, un vieux château avec une tour, et une grande porte formant l'entrée d'une ville et qui laisse appercevoir dans le fond un vaste paysage, la rivière qui coule sur la droite baigne le pied d'une tourelle d'un côté, et de l'autre est bordée d'un petit bois. Cette jolie composition, qui offre un aspect agréable et pittoresque, est ornée de figures et animaux touchés avec un esprit et une finesse peu ordinaire, même dans ce maître, et annonce que l'œuvre doit être de sa jeunesse, quoi qu'ayant conservé une grande fraîcheur de coloris.

14 **DEMAI.** (Signé 1820). Le maréchal-ferrant (T).

Voici une des compositions qui placeront cet artiste au rang des Demarne et Leprince, car il est impossible de rien voir de mieux en ce genre, tout en est d'un précieux fini, d'un relief qui s'enlève de dessus la toile. L'entente de la lumière et du clair obscur est on ne peut mieux observée les ombres, que projette le soleil sont absolument nature, et le feuillé des arbres, qui se détache sur un ciel fin et brillant, est parfaitement bien rendu ; dire que les figures sont pleines de grâce et de finesse c'est ce que l'on voit chaque jour, mais dans celles-ci l'artiste s'est surpassé lui-même, et nous ne doutons pas que lorsque le temps aura agatisé ce charmant ouvrage, il n'acquière un prix extraordinaire.

15 **DESPORTES.** Nature morte (T).

Bon tableau, où l'on voit un lapin et une perdrix posés sur de la paille, derrière on aperçoit un panier contenant un autre lapin. Cette composition, rendue avec vérité, porte un caractère d'énergie qui n'en exclut pas la délicatesse; la couleur en est bonne, et la lumière bien distribuée.

16 DEVRIES. Paysage (D).

Sur un chemin qui traverse une forêt on voit plusieurs voyageurs qui se dirigent vers une rivière qu'on aperçoit dans le fond. Cette composition, des plus pittoresques, est largement touchée, offre des accidents de terrain et des reflets de lumière bien entendus.

17 DIÉTRICK. Paysans changés en Grenouilles(T).

Paysage boisé près d'une rivière. Latone fuyant la colère de Junon, et portant avec elle ses deux enfans, se repose sur un tertre, demandant à des paysans de quoi se rafraichir; elle en éprouve un refus, elle lève les yeux vers le ciel et semble demander leur punition.

18 Du MÊME. La naissance d'Adonis (T).

Pendant du précédent paysage: à l'entrée d'une forêt, Myrrha, fuyant le couroux de son pere, vient de donner le jour à son jeune enfant, une de ses femmes demeure étonnée en la voyant se métamorphoser en arbre; sur le devant trois autres femmes ne s'aperçoivent pas encore de cet événement, et donnent leurs soins au jeune enfant. Ces deux tableaux, par leur grâce et leur finesse, méritent une attention toute particulière.

19 **DOES** (Van-Der). Repos d'Animaux (B).

Une jeune bergère, tenant un enfant, cause avec une autre femme en gardant un troupeau d'animaux, dont une partie est couchée dans la prairie; au fond, à droite, on voit sur une colline ornée de grands arbres, des voyageurs. Tableau d'une belle couleur, et très-finement touché.

20 **DROLLING**. Intérieur (B).

Le coucher de la mariée. Une jeune femme à demi vêtue retire sa chaussure.

21 **DURUCOUR**. Le Moment Favorable (B).

Tableau représentant l'intérieur d'un parc. Une jeune fille s'est endormie au pied d'un arbre, sur un banc de gazon; son amant, qui vient de la découvrir, s'apprête à profiter de l'occasion. Cette charmante composition exécutée avec une grâce et une finesse sans égales ne peut manquer de plaire.

22 **DUVAL**. Repos d'Animaux (C).

Charmante petite composition représentant

une prairie traversée d'une rivière, au-delà de laquelle on aperçoit une montagne boisée, la touche fraîche, légère et vaporeuse de ce tableau le raproche de Lantara. Forme ovale.

23 **FRANCK.** Achille à Scyros. (B).

Voici une composition d'une bizarre originalité, offrant un anachronisme de plusieurs siècles. L'histoire d'Achille à la cour de Licomède est assez connue pour qu'il soit inutile d'en parler; mais faire apporter devant lui une quantité d'objets de luxe du moyen âge, des poteries flamandes, de la porcelaine de Chine, des verreries de Bohême, des armes gothiques et indiennes, telles qu'un crick mallais, et une quantité innombrable de curiosités, telles qu'on en meublerait un beau cabinet de la renaissance, orner la maison avec des meubles gothiques et un tableau flamand, cela passe la naïveté. Cependant, avec ou par ce naïf anachronisme, ce tableau n'en est pas moins un des plus beaux et des plus curieux que nous ayons vus, et ne peut manquer de plaire par la richesse de sa composition, sa parfaite conservation et son fini précieux.

24 **FREMINET** (Martin). Adam et Ève (T).

Ce maître, qui fut le premier peintre du roi,

sous Henri IV, est peu connu, n'ayant travaillé que pour des châteaux royaux ou des églises. C'est donc une rareté que de voir dans le commerce un de ses tableaux, et nous pouvons assurer que celui-ci est authentique. Il provient du château de Fontainebleau, où il a été acheté; il décorait jadis le dessus de la cheminée de la chambre à coucher du roi Henri IV; cela seul le recommanderait aux amateurs, quand bien même il n'aurait pas toutes les beautés qu'il possède : la touche en est fine, harmonieuse et pleine de grâce, et rappelle la manière de Raphaël, dont il approche par ses tons et la beauté de son coloris; aussi nous nous estimons heureux de pouvoir offrir aux yeux des amateurs une œuvre d'un des bons peintres de notre école, qui n'existe pas au Musée ni dans aucune galerie.

25 GREUZE (Jean-Baptiste). Une Jeune Fille (T).

Vue à mi-corps, elle est appuyée sur un trépied. La touche, la couleur et l'empâtement de ce tableau ne laissent aucun doute sur son originalité.

26 Du même. L'Heureux Ménage (B).

Intérieur. Des jeunes enfans groupés près de

leurs parens; à gauche, le grand-père contemplant cette scène intéressante. Précieuse petite esquisse de ce maître.

27 **HELLEMONT** (Van). Signé. Une Kermesse (C).

Précieux échantillon où l'artiste a rivalisé David Teniers d'une manière à s'y méprendre, par sa touche fine, légère et transparente, et par la grâce et la naïveté des poses. Le précieux fini de ce petit tableau, où l'on voit une nombreuse réunion de personnages diversement occupés, doit le faire remarquer avantageusement par les connaisseurs.

28 **HELLEMONT** (Van). Kermesse (T).

Réunion considérable de villageois au milieu d'un hameau entouré de grands arbres, se livrant avec ivresse à tous les plaisirs que leur offre la fête du jour. La gaîté franche et naïve qui règne sur toutes ces figures, offre dans son ensemble une variété qui ne peut manquer de plaire aux amateurs.

29 **HONDEKOETER** (signé). La Rivalité dans la Basse-Cour (T).

De même que Midas voulait lutter avec Appollon pour l'harmonie, de même le coqdinde veut rivaliser de beauté avec le paon : tous deux ont déployé leur queue et font la roue ; le paon offre aux yeux sa robe semée de saphir et d'émeraude, et une gorge nuancée des brillantes couleurs de l'arc-en-ciel. Aussi l'artiste, ne pouvant comprendre le sot orgueil de son adversaire, ne fait même pas valoir le noir de jais de son plumage, et n'en représente que le revers ; mais aussi il faut dire que ce revers, c'est du duvet qui paraît frémir au moindre zéphir ; et que les autres espèces, juges ou témoins, ne sont pas moins beaux et rendus avec une finesse et une suavité de pinceau, un modelé et des contours si vrais, qu'aucun autre n'a pu encore dépasser. Les tableaux de chevalet de ce maître sont tellement rares, que celui-ci ne peut manquer de tenter les amateurs, auxquels nous le recommandons comme étant un des plus beaux en ce genre.

30 **JORDANE** (Lucas). Le repos de Vénus (C).

Couchée sur un lit de repos recouvert de riches draperies elle se regarde dans une glace que l'amour lui présente ; un grand rideau pourpre, formant le dais, laisse apercevoir une riche campagne, dans le coin, à gauche, un satyre appuyé sur une balustrade la comtemple avec étonnement. Tableau d'une belle couleur et d'une touche suave et moelleuse.

31 **KABEL** (Adrien-Van-Der). Une rade (T).

Paysage marine où l'on voit à gauche une tour bâtie sur un rocher. Plusieurs navires et de jolies figures enrichissent cette composition, dont le ton fin et vaporeux rappelle avec plaisir le Claude Lorrain.

32 Du même. L'entrée d'un port de mer (T).

Autre paysage marine, pendant du précédent, dont la composition ne lui cède rien pour la grâce la fraîcheur et la beauté du coloris. De même qu'au précédent de jolie figures et des navires animent ce joli tableau.

33 **LARGILLÈRE**. Portrait (C).

Un petit portrait très-finement touché représentant le maréchal de Lœvendal, vêtu d'une cuirase ornée de dorure.

34 **LANTARA**. Le passage du gué (B).

Petit paysage effet de soleil couchant. Tableau d'un ton fin et plein de chaleur orné de jolies figures et animaux représentant une ruine sur le bord d'une rivière. Le même sujet a été traité par Demarne en beaucoup plus grand.

35 Du même. Le Moulin à Vent.

Paysage avec rivière où l'on voit, à gauche,

un moulin sur une colline. Jolie composition, d'une touche fine et pleine de fraîcheur, peinte sur carton.

36 MALBRANCHE. Effet de neige (T).

Cet artiste connu et admiré pour ses beaux effets de neige, que nul autre peintre n'a su rendre avec autant de nature et de vérité, s'est encore surpassé dans la belle composition que nous décrivons ici, jamais sa touche n'a été plus fine et plus moelleuse, c'est ici une illusion comme au diorama ; il semblerait que l'on va entrer dans cette vaste campagne, et déjà on a froid avant d'y pénétrer. Ce tableau représente un site de la suisse où, sur un chemin entre deux montagnes, s'avance un détachement d'infanterie, plus loin, au-delà de la gorge, on distingue une vaste vallée entourée de montagnes, la dégradation du ton et la perspective aérienne y sont rendues avec un effet qui tient de la magie.

37 Du Même. Effet d'Automne (T).

Pendant du précédent et qui ne lui cède en rien, quoique dans un genre bien différent ; dans ces tableaux rien n'y est de convention, tout est vrai, c'est la nature prise sur le fait, ses tons, sa couleur, jamais peut-être artiste n'a plus étudié que M. Malbranche, le froid, le chaud, la pluie, rien ne l'arrête, il veut peindre la nature dans tous ses aspects, certes une telle activité ne doit pas être perdue, et nous ne doutons pas que la postérité ne lui rende beaucoup plus de justice que ses contemporains. Quand le temps aura harmonisé et émaillé ses tableaux, ils seront sans prix. Déjà, cependant, une main auguste a su lui donner une marque d'encouragement. Cette composition représente une grande route aux environs de Caen, le ton, la couleur, le brouillard d'une belle matinée d'automne au soleil levant sont d'une vérité incontestable, et les figures qui décorent ces deux tableaux, sont touchés avec un esprit peu ordinaire.

38 Du même. L'entrée d'une ville (T).

Ici l'artiste, quoique portant le même cachet, n'est plus le même; sa touche est ferme, hardie et toujours vraie. Malgré la grande quantité de maisons qu'il a représentées, il n'y a nulle confusion, toutes sont bien à leur place; en dépassant cette porte et au-delà du pont, l'œil distingue parfaitement le chemin qu'il prendra; la rivière glacée qui travesre cette jolie composition est ornée de patineurs qui animent et vivifient ce tableau. Elles sont de monsieur Dema et s'harmonisent parfaitement avec le reste du tableau.

39 **MIGNARD** (Pierre). Portrait (T).

Tableau de forme ovale représentant une jeune et jolie dame, richement vêtue, et tenant dans ses mains une guirlande de fleurs dont elle veut se faire une parure. Ce portrait plein de grâce et de finesse, et dont les mains sont parfaites, est d'un coloris plein de fraîcheur.

40 **MIREVELT**. Un portrait (T).

Représentant un cavalier vu aux trois quarts, vêtu d'un riche costume, et portant une épée sur laquelle il appuye son bras; sa poitrine est couverte d'une riche collerette en dentelle à festons. La beauté du modèle, sa belle carnation, la finesse des détails et la beauté des mains ne laissent rien à désirer dans cette belle page.

41 Du MÊME. Autre portrait. (T).

Pendant du précédent, représentant une dame en regard. Si le portrait du cavalier est beau, celui-ci le surpasse encore; elle porte un riche costume qui, s'ouvrant à la ceinture, laisse voir une robe en étoffe d'or richement brodée, sa collerette est attachée par une large agraffe en or, et sa chevelure, surmontée d'un diadème, ses deux mains sont d'une beauté parfaite, et de la gauche, qui est appuyée sur un piédestal, elle tient un écran.

42 **OMMEGANCK.** Repos d'animaux (B).

Un berger, assis sous un arbre au bord d'un ruisseau, garde un troupeau d'animaux. Tableau plein de fraîcheur et touché dans la manière de P. Potter, que ce maître a souvent cherché à imiter.

43 **PARROCEL** (Pierre). Huit portraits d'apôtres (T).

Huit tableaux représentant St.-Pierre, St.-Paul, St.-Jean, St.-Jacques, St.-Philippe, St.-Mathieu, St.-André et St.-Barthélemy.

Ces têtes, qui sont avec les mains, proviennent de la chapelle particulière de l'archevêque de Lyon, Antoine de Malvin de Montaret mort en 1787, qui les commanda lui-même à Parrocel : la collection des douze était complète, mais quatre furent brûlés dans un incendie.

Ces tableaux, quoiqu'ayant près de 150 ans d'existence, sont encore d'une grande fraîcheur; la pose des têtes est remarquable par la pureté du dessin et la beauté du coloris. Cet article sera divisé, et chacune de ces têtes sera vendue seule.

44 **REGMORTHER.** Marche d'Animaux (B).

Joli échantillon. Paysage où l'on voit un berger et une bergère conduisant divers animaux. Tableau fin, gracieux et plein de fraîcheur.

45 **REINHARD** (Paulus). Portrait (B).

Représentant Gustave-Adolphe, roi de Suède. Vu à mi-corps, il est vêtu d'une cuirasse richement ciselée et damasquinée en or, avec un col rabattant garni de dentelle. Tableau plein d'originalité et touché avec beaucoup de délicatesse.

46 **ROMBOUST.** La Chaumière dans les Marais (T).

Paysage boisé, avec fabrique, représentant une habitation bâtie sur le bord d'un marais, qui laisse apercevoir au fond, à droite, des animaux dans une vaste prairie; la droite est occupée par de grands arbres qui se découpent agréablement sur un ciel clair et léger, le devant est orné de barques et pêcheurs.

47 **RUBENS** (P. P.). Le Jardin d'Amour. (B).

Il serait bien inutile de décrire cette belle composition que tout le monde connait, et de qui l'on peut dire que tout le monde admire le tableau que nous offrons ici, est une copie exacte faite dans l'école et par un des meilleurs élèves du maître, à laquelle même, dit-on, il a touché, et qui passait pour être de lui; sa beauté et sa conservation sont vraiment sans pareille, et à défaut de l'original, qu'il est de toute impossibilité de se procurer, celle-ci pourra se placer et même orner les plus belles galeries.

48 **RUISDAEL.** (F.) Signé, Paysage. (B).

Groupe de maisons bâties près d'un massif d'arbre, au bord d'une rivière qui traverse cette petite composition: à droite, on voit un moulin à vent, et sur le terrain du devant, un homme s'occupe à pêcher. Quand bien même ce petit tableau ne serait pas signé, sa touche fine et la transparence des tons ne laisserait aucun doute sur son originalité.

49 **RYSBRACK.** (Signé). Marine. (B).

Deux Tableaux faisant pendant, représentant des Marchés sur le bord du rivage à l'entrée d'un port, où des navires en sortent. Ces deux compositions sont finement touchées, d'une conservation parfaite et ornées de jolies figures en assez grand nombre.

50 **SÉGERS** (Gérard, dit le jésuite d'Anvers.) (B).

Tableau représentant une coupe en orfèvrerie ancienne, richement ciselée, remplie de fleurs diverses; composition d'un précieux fini.

51 **SNEYDERS** (François). Le Chat gourmand. (T),

Un chat a renversé un panier rempli de volaille, et s'est jeté sur un canard auquel il a déjà arraché quelques plumes, quelque bruit vient sans doute le troubler, car il se relève furieux et parait prêt à se jeter sur l'imprudent qui vient le troubler dans son festin; on ne saurait rendre la nature avec plus de vérité que dans le tableau que nous offrons aux regards. La fureur du chat, ses poils qui frémissent et se hérissent le font paraître vivant; la couleur et la légèreté du plumage des oiseaux sont d'un vrai à s'y méprendre et trompent les yeux les plus exercés.

52 **STELLA.** La Vierge et l'Enfant-Jésus. (M).

Elle tient son divin fils sur ses genoux, et lui présente le sein. La finesse et le modelé des chairs, le moelleux des draperies rendent cette petite composition des plus agréables.

63 **STELLA** (Mlle). Sainte-Catherine. (B).

Richement vêtue et couverte d'un manteau doublé d'hermine; elle a pour coiffure une couronne enrichie de pierreries. De la main gauche, qui tient une palme, elle s'appuie sur l'instrument de son supplice; son autre main, posée sur son cœur et ses yeux élevés vers le ciel, invoquent le pardon pour ses persécuteurs. Tableau d'un ton clair et brillant et très-fin d'exécution.

64 **TAUNAY** (Nicolas-Antoine). Paysage. (Papier sur B).

Vue prise aux environs de Messine, petite esquisse originale terminée du grand tableau de ce maître. Sur le plan à droite des jeunes filles dansent au son de la guitare; précieux échantillon de cet artiste et dont le tableau a été gravé.

65 **TENIERS** (David), La Fête de Mai. (T).

Tableau capital, peint sur place par ce maître, et acheté pour tel en Hollande, dans la maison où il avait été fait. Cette belle composition, qui décorait un riche salon, représente un beau paysage traversé d'un canal et terminé au fond par une allée de grands arbres. Sur le premier plan, on voit à gauche une fontaine, et à droite l'entrée d'un château : des villageois dansent autour de l'arbre de Mai, qui a été élevé au milieu; un homme conduisant une barque sur le canal. Plus loin, à gauche, une marche d'animaux sortant d'une ferme, et à droite un convoi de mulets chargés. Cette riche composition, ornée de beaucoup de figures, est largement touchée, d'un ton chaud et d'une couleur brillante, et pourrait par son beau faire orner les plus belles collections.

56 Du MÊME. Repos d'animaux. (T).

Pastiche dans le genre du Cuip, représentant un berger assis au pied d'un arbre, appuyé sur un tertre, gardant un troupeau de moutons au milieu duquel est une vache; derrière est l'entrée d'un bois, et le fond est traversé d'une rivière. Le beau faire, la fermeté de la touche et la bonne couleur de ce tableau ne laissent aucuns doutes sur son originalité, surtout en se rappelant que D. Teniers a pastiché tous les maîtres de son temps.

57 TENIERS. Paysages. (B).

Sous ce N° seront vendus séparément une suite de douze jolis petits tableaux représentant de jolis paysages, ornés de figures, dans la manière de ce maître.

58 **UDEN-VAN.** Paysage. (B)

Petite composition, ornée de très-jolies figures représentant un site agreste.

59 **VALENTIN.** Un Intérieur. (C).

Dans l'intérieur d'une salle basse on voit une table entourée de cinq personnages, deux sont âgés, portant barbe et cheveux gris; les trois autres sont des jeunes gens : celui de coin à gauche paraît s'être endormi en comptant de l'argent : à droite, deux autres personnages entrent et de la main désignent le jeune homme endormi, paraissant étonner les autres par leurs discours ou révélations. La table est chargée d'une écritoire, papier et argent. Sont-ce des joueurs ou des voleurs; je laisse à la sagacité des amateurs à deviner. Le tableau est fin, bien éclairé, plein d'expression et mérite d'être distingué.

60 **VALLIN.** Diane surprise par Actéon (T).

Tableau capital de ce maître, orné de neuf grandes figures, et représentant un paysage traversé d'une rivière, dont la rive gauche est formée d'une haute montagne, couverte d'arbres; à droite, s'étend une colline boisée, dont les buissons descendent jusqu'au rivage. C'est dans ces buissons mystérieux que Diane et ses nymphes ont quitté leurs vêtemens pour jouir de la fraîcheur des eaux, quand apparaît devant elles un profane mortel. Les nymphes surprises ne savent comment échapper à ses regards indiscrets; mais la déesse, lui lançant quelques gouttes d'eau, va bientôt punir sa fatale indiscrétion. Cette composition, une des plus belles qui soit sortie des pinceaux de ce maître, est touchée avec une perfection et une suavité que rien n'égale : de grands arbres qui se détachent sur un ciel fin et léger, et le ton chaud et vaporeux qui règne sur le tout en font un sujet plein de grâce et d'harmonie.

61 Du MÊME. Une Nymphe et une Bacchante (B).

Deux tableaux faisant pendant, représentant des jeunes filles, dont une couronnée de lierre et de raisins. On ne saurait rien voir de plus doux et de plus moelleux que ces deux jolies figures, qui sont du meilleur temps de ce maître.

62 VAN-DEN-VELD. Paysage (B).

Charmante petite composition représentant

un paysage orné de jolies figures et animaux. Petit échantillon exécuté avec une finesse sans égale.

63 **VERDIER**, L'Histoire de Joseph (T).

Nous offrons ici sous ce numéro un article unique en son genre, et qui mériterait de trouver place dans un musée, l'histoire de Joseph, en vingt tableaux. On sent que dans une quantité pareille, il y en a de supérieurs les uns aux autres, et, quoique de la même main, on n'est pas toujours inspiré de même ; mais s'il y en a quelques-uns de moins heureux, il y en a qui sont vraiment d'une qualité supérieure. Ce maître, le meilleur ami et l'élève de Lebrun, a souvent approché de son maître à s'y méprendre, et, comme lui, s'est inspiré du Poussin, comme on le remarquera dans cette même collection.

Pour pouvoir contenter tous les goûts, nous ferons de ces vingt tableaux dix lots, qui seront vendus à la suite les uns des autres, et le montant total de ces dix articles sera remis ensemble aux enchères en cas qu'il se trouve un amateur qui désire réunir le tout.

64 **VERNET** (Joseph). Le Calme (T).

Paysage marine, effet du matin. Sur le premier plan, qui représente le plateau d'un des rochers qui bordent la côte et s'étendent sur la gauche, on voit plusieurs pêcheurs s'apprêtant à prendre leur premier repas. Ces figures, qui se détachent et se découpent sur un fond formé par les eaux, sont touchées avec grâce et facilité. Au-delà des rochers, on aperçoit l'entrée d'une ville, et au loin des navires voguant en pleine mer. Ce tableau, plein de vigueur et d'harmonie, est d'une couleur claire et brillante, et d'une composition simple et gracieuse qui plaît à l'œil.

65 Du Même. La Nuit. (T).

Tableau d'une composition riche et gracieuse, représentant l'embouchure d'un fleuve, à gauche, on voit une côte montueuse et boisée d'un aspect agréable, et à droite, un rivage boisé annonçant une forêt; sur le devant, des pêcheurs s'occupent à jeter leurs filets; plus loin, d'autres pêcheurs dans des barques sillonnent les eaux. Cette scène, éclairée par la lune, qui s'élève au milieu à l'horizon, et dont la lumière blafarde se reflette dans les eaux et se projette sur les arbres, et les aspérités des rochers rendent cette composition pittoresque et mystérieuse qui charme les yeux par sa douceur et son harmonie. Nous espérons que ces deux tableaux, dont les figures sont de main de maître, fixeront les regards par leur beau faire.

66 **WATEAU** (Genre de). Les Amusemens champêtres. (T).

Assis dans un bosquet, au fond d'un parc, plusieurs personnages réunis se livrent au plaisir de la conversation.

67 **VLEUGHELS**. La Jument du compère Pierre. (B).

Charmante composition qui représente une épisode des contes de La Fontaine, où l'artiste a su mettre autant de grâce et de naïveté que dans le poëme.

« Que ceci soit telle ou telle partie »

68 Du Même. Le Villageois qui cherche son veau. (B).

Pendant du précédent, tiré du même livre et non moins gracieux :

Homme de bien qui voyez tant de choses
Voyez-vous point mon veau, dites le moi.

Nous osons espérer que les amateurs verront aussi dans ces tableaux assez de belles choses pour les engager à les acquérir.

69 **ZÉEMAN.** Le Calme. (T).

Joli tableau représentant une mer tranquille où voguent divers navires, dans lesquels on aperçoit des petites figures très-finement touchées.

0 Du Même. La Tempête. (T).

Pendant du précédent, où les navires ont à combattre contre la fureur du liquide élément. On distingue les matelots travaillant avec activité pour échapper au péril dont ils sont menacés.

71 **ZAMPIERI** (dit le Dominicain). Paysage avec ruine. (C).

Site agreste des environs de Rome, représentant à droite les ruines d'un ancien château, avec des éboulemens de terrains, et à gauche un massif d'arbre sur un rocher; sur le devant, trois personnages causent ensemble, et près d'eux une femme paraît être la gardienne d'un troupeau de chèvres que l'on voit sur la droite. C'est un petit tableau peint d'une manière fine et pleine d'énergie, dont les figures et les animaux méritent les regards des amateurs.

SOUS CES NUMÉROS SERONT VENDUS :

72 Une Sainte-Famille, par Stella, tableau bordé, fatigué. (B).

73 Une Vierge, l'Enfant-Jésus et Saint-Jean, tableau non bordé, attribué à Vandick, en Italie. (T).

74 Des Anges enlacés jouant avec des fleurs, modèle de plafond, tableau non bordé, de Gérard Houet. (B).

75 Les Anges et la Sainte-Vierge agenouillés près de l'Enfant-Jésus, tableau gothique très-beau, provenant de la chapelle du château de Richelieu, un peu fatigué. (B,.

76 Une Vierge et l'Enfant-Jésus, autre tableau gothique. (B).

77 Deux esquisses représentant des intérieurs villageois, attribué à Greuze. (T).

78 Un Calvaire, attribué à Vandick. (B.)

79 Deux petits Paysages, par Buandet, originaux, mais fatigués. (B).

80 Deux bordures dorées anciennes, sculptées à jour.

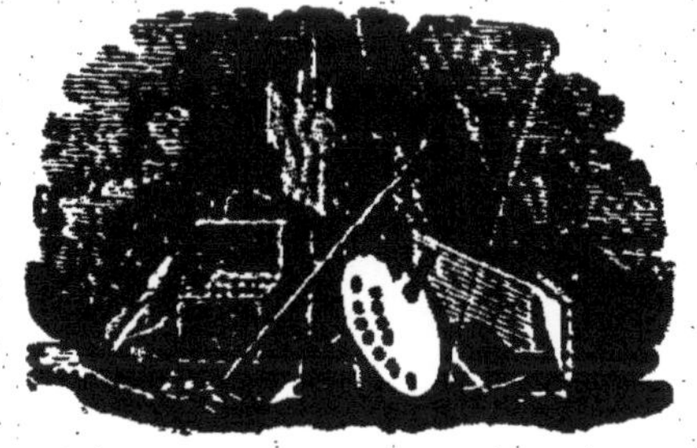

CURIOSITÉS

ET

OBJETS D'ARTS.

MEUBLES ANCIENS ET AUTRES.

81 Un meuble en bois sculpté, ancien, dit garde-robe, portant sept pieds de hauteur sur sept pieds de largeur, d'une belle forme et d'un beau travail,

Un Idem, le pendant du précédent. Ces deux meubles, qui sont les premiers en ce genre que l'on voit dans le commerce, seront vendus séparément.

82 Un riche paravent à huit feuilles en cuir doré, très-riche d'ornement et arabesque, portant sept pieds et demi de hauteur.

83 Deux Bahuts en bois, sculptés, riches de sculpture.

84 Une armoire en marqueterie de Boule, à deux battans, vitrée par le haut et pleine par le bas, riche de marqueterie.

85 Une Table en marquetérie de Boule, écaille et cuivre, à sujets et oiseaux colorés, riche d'ornement.

86 Un autre Table dans le même genre et aussi richement ornée.

87 Un Bureau en marqueterie de cuivre.

88 Un autre Bureau en palissandre à deux X.

89 Une petite Table en marqueterie à fleur, dite chiffonnier.

90 Une table à jeu anglaise, en acajou sculpté.

91 Une autre idem, même genre.

LACQUE DE CHINE.

92 Une table en lacque de Chine, à pied ployant, pour jeu, avec fossette pour jetons, échiquier sur le milieu, entouré de médaillons et arabesques en or; le tout du travail le plus fin et de la plus belle conservation.

93 Une autre toute pareille et aussi parfaite d'exécution.

94 Une boîte à ouvrage en lacque, avec garniture.

95 Une autre idem, en lacque ancien.

96 Une autre très-belle, en lacque, ancien dessin, or en relief et pelote en étoffe du pays.

97 Une grande boite à ouvrage en marqueterie de cuivre très-riche.

98 Un cartel en marqueterie de cuivre.

99 Une pendule en corne très-riche de cuivre doré, article qui invite à fixer les regards.

100 Une pendule en marbre blanc avec figures et ornemens en bronze doré.

DORURES.

101 Une paire de flambeaux dorés, de Boule, d'une belle forme et riche modèle.

102 Une autre, idem à rocaille, en bronze doré.

103 Plusieurs paires de flambeaux girandoles qui seront vendus séparément.

PORCELAINE MONTÉE EN BRONZE DORÉ.

104 Deux vases en céladon bleu, fleuris, monture en céladon, article rare et précieux.

05 Une fontaine en bleu de Chine, richement montée en bronze doré.

106 Deux vases en Chine, craquelé, à ornemens bleus, montés en bronze.

107 Un autre vase très-beau.

108 Plusieurs groupes en Saxe, montés en rocaille.

PORCELAINE DE SÈVRES.

109 Deux vases, ancienne porcelaine de Sèvres, fond bleu avec cannelure torse, richement montés, avec ornement doré.

110 Deux autres vases, médaillons à fleurs, montés et garnis en bronze.

111 Deux seaux, fond bleu turquoise, médaillon à fleur avec arabesques et ornemens en or en relief.

112 Deux autres d'une grande dimension, médaillon à fleurs, avec ornemens en or, en relief.

113 Petit vase fond blanc, or et bleu, monture en bronze doré.

114 Deux vases montés en porcelaine blanche.

PORCELAINE DE CHINE ET DU JAPON.

115 Une belle et grande garniture de vase et cornet composée de cinq pièces, forme octogone, or-

née de riches décors, fond bleu et or. Ce magnifique article sort tout-à-fait des proportions ordinaires par sa hauteur et sa belle qualité, portant 32 pouces de hauteur.

116 Une autre garniture en porcelaine, dite coque d'œuf à mignature et ornemens rehaussés d'or, article précieux et presque unique en ce genre, portant 28 pouces de hauteur.

117 Deux vases à fleurs avec médaillons à sujets en relief, peints fond rouge, blanc et or.

118 Une garniture de cinq pièces, vase et cornets riches de couleurs et ornemens ; une autre garniture fond noir avec ornemens riches et dorés.

119 Deux vases en japon riche de décors, fonds bleu et or, portant 32 pouces

120 Deux cornets très-riches en décors et couleurs.

121 Deux chimères en céladon faisant pendant.

122 Un plateau de ménage avec pièces de centre et huit autres autour.

123 Quatre plats de grandes dimensions riches en couleurs.

124 Sept cornets de diverses dimensions en Chine et Japon, riches.

125 Deux garnitures de vases et cornet de chacune

cinq pièces qui seront vendues en deux lots.

126 Sept bouteilles fond bleu, dessins en or.

127 Un bel assortiment de théyères, Chine et Japon, de fonds et peintures variés, qui seront détaillées.

128 Douze à treize douzaines de tasses et soucoupes en Japon, Chine, Indes et autres, offrant une grande variété de modèles et dessins tous plus riches les uns que les autres, et qui seront vendus par lots séparément.

129 Plusieurs douzaines d'assiettes de Chine et Japon, variées de formes et dessins, vendus par lots.

130 Enfin, un très-grand assortiment d'autres pièces, telles que vases, cornets, bols, etc., etc., et différens objets de modèles et dessins riches et variés de formes et grandeurs, qui seront vendus par pièce, paires ou lots.

131 Plusieurs vases, théyères et objets divers en terre de bocaro.

PORCELAINE DE SAXE.

132 Un surtout de dessert en porcelaine de Saxe, d'une grande dimension, avec galerie à jour, à obélisque et trophée, peint et doré, enrichi d'un grand nombre de groupes et figures, article

de la plus grande beauté et d'une belle conservation.

133 Un cabaret de treize pièces avec médaillons en mignature, représentant des sujets, d'après Ostade.

134 Un très-beau groupe de quatre figures.

Deux autres groupes chasseurs, et bergers.

135 Deux autres, amours avec des guirlandes de fleurs.

136 Un groupe d'assez grande dimension.

136 Environ vingt-cinq à trente petits groupes et figures extrêmement jolis, et qui seront vendus par pièce ou par paires.

EMAUX DE CHINE.

138 Huit plateaux en émail d'une belle couleur.

139 Douze assiettes.

140 Un pot-à-eau et sa cuvette d'une belle forme.

141 Une caffetière et son réchaud à esprit de vin.

CRISTAUX ANCIENS.

132 Une coupe en cristal de roche, gravée, richement montée en vermeil.

143 Deux bouteilles ou flacons carrés, montés en or massif.

144 Une autre, forme octogone, même monture.

145 Deux autres plus petits, même monture.

146 Deux bagues en or, à riches médaillons.

147 Plusieurs autres bijoux riches et anciens.

748 Environ quarante verres anciens, gravés, variés de forme, qui seront vendus par lots.

MÉDAILLONS.

140 Onze médaillons émaillés sur or, représentant des personnages du temps, hommes et femmes, peints par Petitot, chacun de ces médaillons, qui sont d'un fini précieux, sera vendu séparément.

150 Un médaillon en piqué argent sur écaille, sujet très-riche et très-fin, d'une belle conservation, forme carrée.

151 Un autre d'une finesse extraordinaire, même forme.

PIÈCES MONTÉES OR OU ARGENT.

52 Une pendule ancienne en écaille, avec garniture en argent repoussé, colonnes, corniches, bas-reliefs et médaillons. Cette pendule, unique en son genre par sa richesse et sa beauté, est gar-

nie d'un mouvement, travail allemand, de la plus grande finesse, découpé à jour et doré.

153 Une boite ancienne en écaille avec encoignure et médaillon en argent repoussé et ciselé.

154 Un petit nécessaire écaillé garni en argent, d'une forme élégante.

155 Environ vingt boites et tabatières anciennes en vermeil, nacre, lacque de Chine, émail, porcelaine et autres, toutes plus riches les unes que les autres, et d'un travail riche et précieux, montées ou garnies en or et argent. Cet article sera divisé.

156 Une boite ronde en écaille, gravée en argent.

IVOIRE SCULPTÉ.

157 Une belle théyère montée en vermeil, groupes d'enfans sculptés, d'après François Flamand, sur un bas-relief circulaire.

158 Un sucrier monté en vermeil avec marches d'enfans, bas-relief circulaire et riche culot en feuilles d'achante, ouvrage d'un fini précieux.

159 Une corbeille de Chine en ivoire sculpté à jour, du travail le plus riche, ancienne sculpture.

160 Deux petits tableaux gothiques en ivoire sculpté, avec leurs cadres anciens en écaille.

161 Plusieurs couteaux à manche d'ivoire, ancienne sculpture.

162 Une Vierge gothique, sculptée avec couronnes en argent, travail très-fin.

MARBRE ANTIQUE, LAVE ET OBJETS DIVERS.

163 Une statue d'Apollon, antique, d'un beau faire, portant 30 pouces de hauteur.

164 Le taureau antique, sculpté en lave, d'un très-beau travail.

165 Hercule, autre statue en lave, sur socle.

166 Une colonne en Spath-Fluor, surmontée d'un vase en pareille matière, d'une belle couleur.

167 Un vase en spath-fluor monté et garni en bronze doré.

168 Un grand camée chinois à trois couches, richement sculpté.

169 Daux vases en wog-wood, fond bleu, à anse mascarons et guirlandes en relief blanc.

170 Un très-beau groupe en biscuit, représentant Henri IV à cheval.

171 Un très beau groupe en terre cuite, représentant trois enfans.

172 Un autre id., composé de deux figures et animaux.

173 Deux petites figures id., représentant des buveurs accroupis.

174 Un bronze représentant l'amour au tambour, d'après Clodion.

ARMES.

175 Un yiatagan avec fourreau argent, repoussé et ciselé, poignée niellée.

176 Un crick malais.

177 Un fusil à deux coups garni en argent.

VITRAUX ANCIENS.

178 Plusieurs beaux vitraux anciens, riches de couleurs et dessins avec sujets variés.

SOIERIES, LIVRES, ETC.

179 Un ameublement complet en étoffes de Perse, en toile peinte, grands rideaux, fauteuils, etc.

180 Plusieurs autres pièces de soieries diverses.

181 Portraits des grands hommes, femmes illustres et faits mémorables de France, depuis Clovis jusqu'à Louis XVI, représentés en deux volumes de planches coloriées, ouvrage très-rare.

182 Beaucoup d'autres objets dont le détail serait trop long, mais faisant partie de la collection, seront exposés et vendus sous ce N°.

FIN DU CATALOGUE.

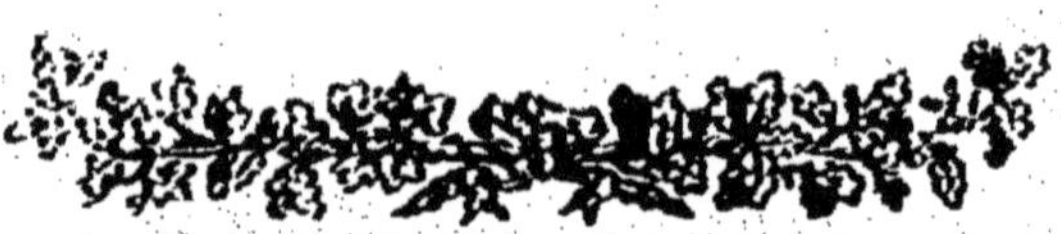

www.ingramcontent.com/pod-product-compliance
Ingram Content Group UK Ltd.
Pitfield, Milton Keynes, MK11 3LW, UK
UKHW021128230726
13926UKWH00002B/660